C. M. Herzog

Der Zauber der Antike
Gedichte im klassischen Versmaß
und Übersetzung eines Auszugs
der Verteidigungsrede des Sokrates

Bibliografische Information der Deutschen Bibliothek
Die Deutsche Bibliothek verzeichnet diese Publikation
in der Deutschen Nationalbibliografie;
detaillierte bibliografische Daten sind im Internet über
http://dnb.ddb.de abrufbar.

Herstellung und Verlag:
© Copyright BoD – Books on Demand, Norderstedt, 2016
ISBN 9 7837 32 286256

Printed in Germany

Niemals vergess' ich den Augenblick:
Die goldene Sonne im ewigen Rom
geleitete mich von den Hügeln zurück
nach San Pietro zum Dom.

INHALTSVERZEICHNIS

DAS GEHEIMNIS 9

AN DEN VATER 10

CHORHERR HARTMANN 13

SIBYLLE 24

MYTHOS 25

DIE VERSAMMLUNG DER LOGE 36

AENEIS 41

APOLOGIA DES SOKRATES 52

DAS GEHEIMNIS

Nachts ist der Meister wach
mitten im Schlafgemach,
ganz in Gedanken.

Wenn er die Geister hört,
dann wird er nicht betört,
weist sie in Schranken.

Du willst mein Lehrer sein?
Tod! Ach, dann komm herein.
Ich will nicht klagen.

Denn für das Kommende,
ewiglich Frommende
will ich entsagen.

Dies ist das Meisterwort.
Hier ist der rechte Ort,
endlich zu sprechen:

Hügel, bedeckt von Gras.
Bald wird es Zeit sein, das
Siegel zu brechen.

AN DEN VATER

Alexander ist mein Name,
und mein Vater ist ein Held!
Meine Mutter, eine Dame,
tut nur das, was ihr gefällt.

Lieber Vater, sollst nicht weinen,
deine Kinder lieben dich.
Einstmals in Orangenhainen
suchen dich der Franz und ich.

Wie im Krieg ist er gegangen,
unser Haus ist gar so still.
Alle Freude ist vergangen,
weil er nicht mehr kommen will.

Lieber Vater, sollst nicht zagen,
deine Kinder sind ja hier.
Einstmals mit gar vielen Fragen
kommen sie zurück zu dir.

Manchmal sehen wir ihn winken
aus der Ferne, ganz allein.
Ach, im Unglück zu versinken,
kann doch nicht die Lösung sein.

Lieber Vater, sollst nicht weinen,
einstmals siehst du deine Söhne,
wird die Sonne wieder scheinen
und erfährst du alles Schöne.

Doch die Traurigkeit der Jahre
zeichnet Furchen ins Gesicht:
Wann geschieht das Wunderbare,
sieht er denn die Kinder nicht?

Lieber Vater, sollst nicht weinen,
deine Söhne lieben dich.
Einstmals wird die Sonne scheinen,
auch für dich, den Franz und mich.

Unser Vater ist ein König
ohne Land, doch hoch zu Ross.
Dabei schenkt er mir nicht wenig,
bin ich ja ein Königsspross.

Lieber Vater, sollst nicht klagen
über deine stillen Leiden.
Du weißt Unglück stark zu tragen,
davon lernen auch wir beiden.

Unser Vater ist der Kaiser
unsrer ganzen Kinderzeit.

Denn er ist um vieles weiser,
was uns Kinder so sehr freut.

Lieber Vater, sollst nicht weinen,
deine Kinder lieben dich.
Wenn wir groß sind, deine Kleinen,
bleiben dir der Franz und ich.

CHORHERR HARTMANN

Wohl weiß ich nichts und stelle tausend Fragen
an dich, mein Meister; mit ergrauten Haaren
wirst du den Schatz des Wissens stets bewahren,
die Weisheit dein, zu der sich Knaben wagen.

Ich lausche jedem Wort aus deinem Munde.
Die Kraft der Schwere flieht die Erde nie
in höchster Sphären schönster Symphonie,
du aber bringst davon die frohe Kunde.

Dein Auge, das die ganze Welt gesehen!
In Glück und Leid, der Ruhm gehört allein
nur dir, dem es geschenkt war zu verstehen.

So will auch ich im Geiste bei dir sein
wie meine Seele, die sich dir verband.
Dein Wort lebt fort. Wie schön, dass ich dich fand!

I.

Wohl weiß ich nichts und stelle tausend Fragen:
Sag, wohin führt uns unser Lebensweg?
Und gehst du mit mir auf dem schmalen Steg
der Tugend, alles Unglück zu ertragen?

Soll ich das Glück auf dieser Erde finden?
Wo endet alle Zeit? Was ist der Sinn?
Führst du mich endlich zu der Heimat hin,
die uns die Engel allezeit verkünden?

Du aber lässt mich schweigend innehalten,
der Schwall der Worte kehrt zurück zur Quelle
im Herzen, die entstanden aus der Helle ...

In deiner Welt, so wie ein göttlich Walten
wird mir der Halt; ich denke mit den Jahren
an dich, mein Meister mit ergrauten Haaren.

II.

An dich, mein Meister! Mit ergrauten Haaren
soll die Erinnerung niemals vergehen
der Güte dein, gepaart mit dem Verstehen,
damit die Menschen einst von dir erfahren.

In Traurigkeit, dass du von uns gegangen,
betrachte ich dein Bild aus alten Zeiten,
um dir ein Denkmal liebend zu bereiten
aus einem Lied, das schon die Alten sangen.

Du stiegest aus dem Dunkel an das Licht
in jene Sphären, wo die Seelen schweben
in höchstem Glück, wohin wir alle streben.

Mit all den Tugenden, die sich gebaren
aus Sittsamkeit, Bemühen und Verzicht,
wirst du den Schatz des Wissens stets bewahren.

III.

Wirst du den Schatz des Wissens stets bewahren
vor argen Frevlern? Oder nicht vor allen,
die wohl zuerst in Hochmut sich gefallen,
doch dann Gerechtigkeit von Gott erfahren.

Das Haus der Frevler stürzt am Ende ein,
doch der Gerechte baut ein Fundament,
indem er Gott bei seinem Namen nennt;
er wird im Unglück nicht verlassen sein.

So soll ein Kind von allem Anfang an
von Alten deren Weisheit schon erfahren,
was diese wissen nur vom Hörensagen.

Du lehrtest mich, und ich hielt fest daran,
in Worten und in Werken zu bewahren
die Weisheit dein, zu der sich Knaben wagen.

IV.

Die Weisheit dein, zu der sich Knaben wagen,
zu wissen um den Wert des Menschenlebens

in aller Lauterkeit des jungen Strebens,
zu lernen in den glücklicheren Tagen.

Das Alter wird dich einstmals wohl verdrießen,
dann reißt die Silberschnur, dann bricht der Krug
am Brunnen, und der Höchste spricht: Genug!
Kurz vor dem Tod wirst du den Leichtsinn büßen.

Du schwebst vorbei an jenem Höllenschlunde,
in dem die Frevler ewig sich verfangen,
Beklemmung in der Brust und stilles Bangen.

Ach, Meister, wenn ich endlich heimwärts gehe
ins Licht, zur Sonne und in deine Nähe:
Ich lausche jedem Wort aus deinem Munde.

V.

Ich lausche jedem Wort aus deinem Munde
in Dankbarkeit für väterliche Mahnung,
vom Jenseits eine himmlisch-schöne Ahnung
entbirgst du mir: Halt inne und gesunde!

So sollen wohl die Werte innen liegen,
denn Wahrheit, Klugheit, Mäßigung und Mut
gemeinsam sind das Erbe, teures Gut
der weisen Alten, die uns nicht belügen.

Wie schön gestaltet sind die Ornamente,
die eine große Ordnung widerspiegeln,
so wie im Kleinen auch die Elemente.

Die Sonne lässt sich nicht von Menschen zügeln
in ihrer Bahn und Sphärenmelodie;
die Kraft der Schwere flieht die Erde nie.

VI.

Die Kraft der Schwere flieht die Erde? Nie!
Denn dieses Werk aus Gottes Schöpferhänden
ist unermesslich und wird niemals enden –
wie klein und menschlich ist selbst das Genie.

Noch bei den Römern rieten uns die Alten,
den Göttern treu zu dienen ohne Klagen
und stets das Schicksal willig zu ertragen,
denn Glück ist flüchtig, lässt sich niemals halten.

Das Weltbild der Antike war platonisch,
so ward die Ordnung für den Staat gewonnen,
von großen Geistern für das Volk ersonnen.

Es klingt das Weltall immerzu harmonisch,
erhaben wie die größte Elegie
in höchster Sphären schönster Symphonie.

VII.

In höchster Sphären schönster Symphonie
ertönt das Weltall, ganz dem Klang ergeben,
mit dem die Sterne und Planeten schweben
in großer Ordnung voller Harmonie.

So soll der Weise in sich Frieden fühlen
und unbeirrt auf alles Treiben schauen
unter der Sonne, nur auf Gott vertrauen,
um Gleichmut und das Gute zu erzielen.

Der du mir von dem großen Werk erzählt,
das sich vollendet auf dem Erdenrunde,
den stets die Kraft der Lauterkeit beseelt,

du, Meister, führe mich auf rechten Bahnen
zum letzten Weg, von dem wir wenig ahnen,
du aber bringst davon die frohe Kunde.

VIII.

Du aber bringst davon die frohe Kunde?
So soll mein Körper einst nicht mehr genesen
und endlich in dem feuchten Grab verwesen?
So sprichst du auch von meiner Todesstunde?

Das Leben ist der höchste Wert wohl nicht
auf dieser Erde, wo die Rosen blühen
und Adler in den Wolken Kreise ziehen,
die aber niemals hält, was sie verspricht.

Gewähre, Meister, mir die stille Bitte,
im Tode auch in jenes Reich zu kommen,
aus dem ich deine Stimme hier vernommen.

Was kommen will, das mag getrost geschehen,
denn wiederum wacht über meine Schritte
dein Auge, das die ganze Welt gesehen.

IX.

Dein Auge, das die ganze Welt gesehen,
erblickt die Seelen, die in Eintracht wohnen
in unergründlich fernen Dimensionen
elysischer Gefilde, die bestehen.

Mein Meister, führe mich zur Klugheit hin,
um nicht statt Gutem Schlechtes zu erwählen
in Unverstand, statt Märchen zu erzählen,
lass mich die Wahrheit finden und den Sinn.

Doch du bist auch getreu an meiner Seite
in Nächten, die erhellt von Kerzenschein,
wenn ich die Sprüche aus der Bibel deute.

Dein Wort vertreibt die unliebsamen Geister
und schenkt Vertrauen, weil nur dir, dem Meister
in Glück und Leid der Ruhm gehört allein.

X.

In Glück und Leid, der Ruhm gehört allein
dem Tugendhaften, der das Gute wählt,
vom Streben nach dem höchsten Glück beseelt,
zu wandeln in der Philosophen Hain.

Die Mäßigung schenkt ihm ein Fundament,
darauf der Tempel der Gerechtigkeit,
den Armen und den Schwachen allezeit
zu geben, was er auch sein eigen nennt.

Doch was ist der Besitz dem Weisen wert?
Er achtet seinen Körper nur gering
als Esel, der die Seele hier beschwert.

Auch du, mein Meister, denn dein Leib verging.
Ja, möglich ist es, dieses Ziel zu sehen
nur dir, dem es geschenkt war zu verstehen.

XI.

Nur dir, dem es geschenkt war, zu verstehen
den Sinn des Lebens, der uns stets umgibt,

indem man Gott und auch die Menschen liebt,
eröffnet sich die Welt, ein klares Sehen.

Du, Meister, fandest all die wahren Werte
aus alter Zeit, die ewig gelten werden.
Solange Menschen leben hier auf Erden,
führst du uns treulich als ein Weggefährte.

Du warst an Gütern arm, im Geiste reich,
bewahrtest im Charakter das Talent,
das Herz zu schauen, das vor Liebe brennt.

In manchen Stunden bin ich ganz allein
und wünschte mich in jenes Himmelreich:
So will auch ich im Geiste bei dir sein.

XII.

So will auch ich im Geiste bei dir sein
und deine Lehre auf die Tafel schreiben
in meinem Herzen, denn dort soll sie bleiben
als Abglanz aus der Seelen wahrem Sein.

Dein Wort will ich um meinen Hals mir binden,
so wie ein Herrscher seine goldne Krone
es stets behüten; dann darf ich zum Lohne
nach meinem Tode dich einst wiederfinden.

Dies ist die Welt! Dein Körper ist begraben.
Doch ich darf mich an deiner Quelle laben
in einer andren Sphäre, weit von hier.

Die Tugend ist wohl deine schönste Zier.
Unsterblicher! Dein Wort hat stets Bestand,
wie meine Seele, die sich dir verband.

XIII.

Wie meine Seele, die sich dir verband,
in dir die Weisheit fand, die sie verehrte,
die Tugend, die sich in dir stets bewährte,
das große Werk, das nicht von Menschenhand.

Gib mir die Kraft, das Gute zu erwählen,
das Schlechte aber stets zu unterlassen;
zu lieben, anstatt voller Wut zu hassen,
doch niemals die Gesinnung zu verhehlen.

Sieh da! Ein Menetekel an der Wand!
Gedeutet vom Erwählten, dem Propheten,
der anhob, zum Allmächtigen zu beten:

Doch niemals war dein Haus auf Sand gebaut,
da du dem Ewigen dich anvertraut.
Dein Wort lebt fort. Wie schön, dass ich dich fand!

XIV.

Dein Wort lebt fort. Wie schön, dass ich dich fand
in meiner Jugend, damals auf der Suche
nach einem Lehrer wie im Bilderbuche,
denn dein sind Seelenruhe, Geist, Verstand.

Wir sehen nicht, wie Dinge wirklich sind:
So scheint es, ist ein Abglanz nur die Sonne
aus deiner Welt der Liebe und der Wonne.
Doch für die wahre Welt sind wir noch blind.

Dem Schicksal mutig seine Stirn zu bieten,
wozu die alten Weisen mahnend rieten –
den Gleichmut hältst du hoch seit alten Tagen.

Mein Meister, deine Weisheit ist so groß;
ich bin ein Sterblicher auf Erden bloß:
Wohl weiß ich nichts und stelle tausend Fragen.

SIBYLLE

Das, was gewesen, und das, was einstmals auf Erden sich zuträgt,
weissagt Sibylle dir, verzückte Prophetin des Unheils.
Weh dir, fruchtbares Land! Ägypten, wie wirst du einst jammern,
wenn der mächtige Nil die sprießenden Garben hinwegschwemmt,
Hunger und Seuche und Not dich knechten und schwer unterjochen.
Dann wird die Sonne ganz schwarz, verdunkelt die Sterne am Himmel,
selbst der silberne Mond verbirgt sich den Menschen im Tale.
Plötzlich erzittert das Land, da stürzt der goldene Sonnen-
Wagen tief ins Meer, und nimmermehr kommt er nach oben.
Dazu gesellt sich der Mond, der ebenfalls sinkt in die Fluten,
Nacht für lange Zeit, der jüngste Tag für die Menschheit.
Dann kommt der richtende Gott, aus Wolken steigt er herunter
in die rauchende Welt, denn Feuer und Pest wüten eifrig.
Lob wird den Frommen zuteil, ein Bankett mit dem himmlischen König
ward ihnen vordem bestimmt, sie jauchzen und jubeln vor Freude.
Gottlose Frevler jedoch, die Götter aus Hölzern sich schnitzten,
opfernd beim Götzendienst, ereilt eine schreckliche Strafe.
Unten in Hades' Schlund währt ewig das Feuer Gehennas.

MYTHOS

Wo ist die Wiege der antiken Götter?
Im Süden, wo die Meereswinde wehen,
in Griechenland, wo Wunder einst geschehen,
im Reich des Zeus, der frühen Menschheit Retter.

Der Donnerschleuderer ließ Wälder beben
und warf auch Blitze aus dem Götterfeuer.
Prometheus wagte einst das Abenteuer,
von Zeus geraubt, das Feuer uns zu geben.

Gott Eros kam als Erster auf die Erde,
er spannte seinen unfehlbaren Bogen
und schoss, um alle Herzen zu durchbohren.

Wenn Aphrodite ihre Gunst gewährte,
dann kamen Eros' Pfeile schon geflogen:
Dem Göttervater ward ein Kind geboren.

I.

Wo ist die Wiege der antiken Götter
und wo die Höhle, die den Zeus verborgen?
Titanin Rhea ließ ihn dort versorgen,
denn Kronos duldete nicht Sohn noch Spötter.

Statt eines Kindes fraß er einen Stein,
denn niemand sollte seinen Thron besteigen,
die Menschen sollten sich vor ihm verneigen,
und König bleiben wollte er allein.

Da wuchs der junge Zeus auf Kreta auf,
bevor er die Geschwister dann befreite –
Athene war mit Schild und Speer zu sehen.

So kamen sechs der Götter bald herauf
aus Kronos' Bauch, die Zeus der Sonne weihte
im Süden, wo die Meereswinde wehen.

II.

Im Süden, wo die Meereswinde wehen,
verloren die Titanen ihre Macht
und wurden in den Tartaros gebracht,
um dort, gefesselt, nie mehr Licht zu sehen.

Denn sieben Tage, sieben Nächte währte
das Fallen in den Tartaros hinab,
der Tartaros glich einem dunklen Grab,
aus dem nicht einer jemals wiederkehrte.

Nun waren die Olympier in der Welt,
denn sie erwiesen sich im Kampf als Sieger,
der wilde Kronos nirgends mehr zu sehen.

Der Ochs im Pflug, der zahm das Feld bestellt,
gehorchte wie der Sänger und der Krieger
in Griechenland, wo Wunder einst geschehen.

III.

In Griechenland, wo Wunder einst geschehen,
erhob Poseidon mächtig sich im Meer
nebst Skylla und Charybdis, schicksalsschwer,
so musste manches Kriegsschiff untergehen.

Wenn die Gefährten auch ums Leben rangen,
verschreckt, mit Skylla nachts bei Mondenschein,
fraß sie den Seemann gleich mit Mark und Bein,
bis dessen Schreie schauerlich verklangen.

Die Nymphen sangen leise in den Bäumen,
Poseidons Töchter sangen tief im Meer –
der Seemann hörte zu bei jedem Wetter.

Ein Gott erschien den Griechen in den Träumen,
und schützend zog Gott Helios einher
im Reich des Zeus, der frühen Menschheit Retter.

IV.

Im Reich des Zeus, der frühen Menschheit Retter,
ward neu geordnet auch der Griechen Leben,

die Sterblichen, die Opfer treu gegeben,
gewannen bald die Gunst der jungen Götter.

Sie ließen Duft von Weihrauch, teurem Holz
auf den Altären gegen Himmel steigen,
um Dankbarkeit den Göttern zu bezeugen,
die Gaben waren kostbar und auch stolz.

War Pallas nicht geneigt, so half Apoll,
der in Orakeln seine Sprüche sagte
den Priesterinnen, die ihm treu ergeben.

Die Sterblichen gedachten ehrfurchtsvoll
des Zeus, der Blitze auf die Erde jagte;
der Donnerschleuderer ließ Wälder beben.

V.

Der Donnerschleuderer ließ Wälder beben,
der Kronos in der Götterschlacht bezwungen.
Das Pferd, das aus Medusas Haupt entsprungen,
trug Kronions Waffen dankbar und ergeben.

Denn Pegasus erhob sich mit den Winden
und flog gar schnell mit seinen flinken Flügeln;
nur Zeus allein vermochte ihn zu zügeln,
um für die Menschen Feuer zu entzünden.

Einst wohnten in den dunklen Felsenhöhlen
die frühen Menschen, die im Winter froren;
ein Holz, das brannte, war der Sippe teuer.

Ach, würde einer doch das Feuer stehlen!
Für diese Kunst war Zeus allein erkoren
und warf auch Blitze aus dem Götterfeuer.

VI.

Er warf auch Blitze aus dem Götterfeuer
auf Bäume, deren Äste hellauf brannten;
es war der Kronion, wie sie ihn nannten,
der wohnte in dem himmlischen Gemäuer.

Hoch am Olymp, in ihren Goldpalästen,
da ließen sich die Götter Kelche reichen
mit Nektar, alle Frevler mussten weichen
vor ihrer Macht bei heil'gen Opferfesten.

Ambrosia verzehrten sie in Mengen,
die Götterspeise, Sterblichen verboten,
für die kein Zutritt war zu dem Gemäuer.

Die Menschen mussten sich in Höhlen drängen,
und suchten frierend einen Götterboten –
Prometheus wagte einst das Abenteuer.

VII.

Prometheus wagte einst das Abenteuer,
hoch am Olymp das Feuer zu entwenden,
behutsam trug er es in seinen Händen
zu jenen Menschen, die ihm lieb und teuer.

Als sie die Gabe voller Stolz empfingen,
da fühlten sie sich wie Prometheus' Kinder;
statt Früchten gab es nun gegrillte Rinder,
Forellen, Lachs und was die Fischer fingen.

Sie sahen auf zum Vater, dem Titanen,
und machten Feuer, wärmten sich daran;
der Diebstahl änderte das Menschenleben.

Die Strafe für den Diebstahl sollte mahnen,
denn alle Götter klagten ihn jetzt an:
von Zeus geraubt, das Feuer uns zu geben.

VIII.

Von Zeus geraubt, das Feuer uns zu geben,
verdiente Sühne für die Ewigkeit:
Prometheus musste nun für alle Zeit
gekettet an die Felsen einsam leben.

Ein Adler fraß am Tag an seiner Leber
und nächtens wuchs das Ganze wieder nach.
Prometheus litt das arge Ungemach
für uns, als Vater und als Feuergeber.

Auf sein Geheiß erblickte ein Geschlecht,
das steinerne, das helle Licht der Sonne;
sein Ziel war, dass es wächst und fruchtbar werde.

Nach den Titanen sprach jetzt Zeus das Recht,
die Finsternis wich einer großen Wonne:
Gott Eros kam als Erster auf die Erde.

IX.

Gott Eros kam als Erster auf die Erde,
befruchtet einst vom Wind, als silbern Ei
der schwarzen Nacht. Die Schale sprang entzwei,
auf dass das ganze Universum werde.

Als Uranos die Erde dann erblickte,
da nahte er mit seiner Manneskraft
und liebte sie mit Eros' Leidenschaft.
Wie die Verbindung doch im Anfang glückte!

Er zeugte die Titanen, auch die Meere,
bis Kronos mit der Sichel ihn entmannte;
die Kinder waren wohl zum Kampf erzogen.

Der Himmel nahte sich und sah die Speere,
als Eros schon ein neues Ziel erkannte:
Er spannte seinen unfehlbaren Bogen.

X.

Er spannte seinen unfehlbaren Bogen
und traf den Kronos, der nun Rhea liebte,
die sich am Ende auch in Listen übte,
so wurde Kronos um die Macht betrogen.

Die Liebe fand auch Eingang in die Herzen
der Götter, die den Bund der Ehe schlossen
und freudig ihren neuen Bund begossen;
die Menschen schenkten Opfertier und Kerzen.

Die Sterblichen, die Zeus den Dienst erwiesen,
erkannten bald den Reiz, dem er erlegen,
wenn er ein Mädchen liebend sich erkoren.

Der höchste Gott verstand es zu genießen,
auch Eros war voll Eifer und verwegen
und schoss, um alle Herzen zu durchbohren.

XI.

Er schoss, um alle Herzen zu durchbohren,
und traf den Paris, der nicht Hera wählte

zur schönsten Göttin, die dem Zeus Vermählte,
womit er ihre Gunst auch gleich verloren.

Er wählte mit dem Apfel Aphroditen,
die ihm versprach, die schönste Frau auf Erden
wird endlich seine treue Gattin werden –
sie wolle ihm die Liebe dafür bieten.

In Feindschaft ließ ihn Hera dann allein
und lenkte bald ein widriges Geschick,
das sich am Ende gegen Troia kehrte.

„Die schöne Helena soll bei mir sein!",
dies war für Paris allerhöchstes Glück,
wenn Aphrodite ihre Gunst gewährte.

XII.

Wenn Aphrodite ihre Gunst gewährte
und Hera feindlich schon den Kampf bereitet,
die Streiter vom Betrogenen geleitet,
war Krieg, der mehr als sieben Jahre währte.

Das hölzern Pferd in einer fremden Stadt,
die Helden fielen vor die wilden Hunde
und Vögel, gierig nach der frischen Wunde;
ein jedes Raubtier fraß sich daran satt.

Das Scheusal Helena verbarg sich dann
(der hassenswerte Krieg verging in Flammen),
nur weil sie ihren Ehemann betrogen.

Aus Schutt und Asche floh ein starker Mann,
er traf mit einer Königin zusammen,
dann kamen Eros' Pfeile schon geflogen.

XIII.

Dann kamen Eros' Pfeile schon geflogen:
Zeus, den Europa nun als Stier erblickte,
weil sie mit ihrer Anmut ihn entzückte,
war diesem schönen Mädchen gleich gewogen.

Das Mädchen schwanger, sollte sie die Klippen
für ihren Tod erwählen oder hängen?
Sie ließ sich nicht zu dem Verrat bedrängen,
der Vater kam ihr nicht über die Lippen.

Doch war Europa mit dem Kind gesegnet,
es ward von keinem Sterblichen empfangen
und war für etwas Großes auserkoren.

Der höchste Gott, der donnert, wenn es regnet,
war jener Stier, den liebend sie umfangen:
Dem Göttervater ward ein Kind geboren.

XIV.

Dem Göttervater ward ein Kind geboren,
du, glückliche Europa, jauchze laut!
Zeus war's, der deine Schönheit angeschaut,
dein Leben ist gerettet, nicht verloren.

Ein Kontinent wird deinen Namen tragen
für alle Zeit, Erinnerung an dich.
Die Liebe zwischen euch wird ewiglich
von deiner scheuen Scham und Anmut sagen.

So gab dem Kontinent der Gott den Namen,
ein weißer Stier, der in des Mädchens Blüte
ihr auch zur Seite stand als edler Retter.

So viele fragen, die von weither kamen:
Wer ist Europa gleich an sanfter Güte?
Wo ist die Wiege der antiken Götter?

DIE VERSAMMLUNG DER LOGE

Visita interiora terrae, rectificando invenies occultum lapidem.

Dreimal schlug Ernst ans Tor mit dem Ring im Maule des Löwen,
Messing schlug auf Holz, da hörte er endlich den Wächter:
„Wer begehrt Einlass?" Ernst sprach leise die kryptischen Worte,
welche die Bruderschaft als Losung der Brüder beschlossen.
Quietschend öffnete sich das schwere Tor zu der Halle,
wo sich bei Kerzenschein Gesellen und Meister versammelt.
Keiner gelangte zum Licht, das leuchtete auf dem Altare,
wenn er das Kennwort nicht vor diesem Wächter bekannte.
Ernst betrat schweigend den Saal und blickte sich um in der Runde.
Alle im Lendenschurz, ansonsten gar nicht bekleidet,
barfuß und ohne Hemd, begrüßten den Bruder voll Freude.
Manch ein Geselle, den Ernst seit langer Zeit nicht gesehen,
setzte sich an den Tisch, den Worten des Meisters zu lauschen.
Zwölf Gesellen vereint, gemeinsam im Tempel der Weisheit,
wo sich kein Fremder je fand, ein Teil der englischen Loge.
Frauen war keinesfalls der Zutritt zum Tempel gestattet,
nur einen freien Mann, auf der Suche nach ewigen Werten,
nahm man als Lehrling auf im ersten und niedrigsten Grade.

Zirkel und Winkelmaß verstreut auf dem rundlichen Tische,
kunstvoll gefertigt aus Holz von libanesischen Zedern.
Auch ein Stein aus Granit, die Flächen kunstvoll behauen,
fast wie ein Kirchenaltar, erweckte die schauende Ehrfurcht.
Rund um den Tisch saß der Kreis der auserwählten Gesellen,
vor diesen Brüdern am Thron nahm Platz der Meister des Tempels.

Schon war das Eichentor für fremde Augen verriegelt,
denn der flammende Stern entbarg sich im Dunkel des Abends
vor der staunenden Schar, ein Pentagramm mit fünf Ecken.
„Illuminiere den Saal", sprach leise der ehrbare Meister,
Ernst nahm den Eisenstab und hielt den Docht in die Kerze,
schritt von Wand zu Wand, die Fackeln erstrahlten im Feuer.
Vorne auf dem Altar ein Amethyst in gewölbtem,
fuchsgroßem Stein versprühte zauberhaftes Gefunkel;
an der südlichen Wand der flammende Stern der Gesellen,
mit dem Buchstaben G, der Geometrie für den Maurer,
dessen vollendete Kunst den mächtigen Tempel errichtet,
ganz nach Salomons Plan, ein Bauwerk zur Ehre des Höchsten.

Weihrauch stieg auf vom Altar, gemischt mit erlesener Myrrhe
aus dem Libanon, ein erhebender Duft für die Brüder,
dazu das Shir hashirim, die große Liebe des Königs.
Als das hebräische Lied der Lieder endlich verklungen,
hob der Meister an, zu seinen Gesellen zu sprechen:
„Dies ist ein schöner Tag, denn alle sind hier versammelt,
keiner der Brüder fehlt in diesem geheiligten Raume.
Hier sind Jude, Christ und Muslim treulich beisammen,
ehrend den einen Gott, den Baumeister sämtlicher Welten.
Nicht sind wir feindlich gesinnt, wir sind ja liebende Brüder,
einer des andern Freund, zu bauen den herrlichen Tempel."
Mancher der Brüder genoss im Kelch den edelsten Tropfen,
alten französischen Wein, dazu gesalzene Brote.
Bald war das Essen vorbei, der Sangmeister zupfte die Harfe,
sang dazu monoton, um Seelenruhe zu finden.

Alle übten das Wort, sie sangen es mit ihrem Herzen:
‚Seelenruhe' erklang in diesem verborgenen Saale,
‚Seelenruhe' im Geist, im Rhythmus des eigenen Atems.

Mitten auf dem Tisch ein Totenschädel als Lehrer,
der einen Freimaurer stets bis hin zum Tode begleitet.
Flackerndes Kerzenlicht, ein seltsames Leuchten des Schädels
mitten am hölzernen Tisch, um den die Brüder versammelt.
‚Seelenruhe' das Wort, gesungen von all diesen Brüdern
mit einem tiefen C, der Klang erfüllte die Halle.
Stieg ein Gedanke auf, so kräuselten sich nur die Wellen
in dem geistigen Fluss, dann ruhte wieder das Wasser.
Nur durch ein Wort, einen Ton, vereint die liebenden Brüder
an diesem stillen Ort, den ein Fremder niemals gesehen.
Als die Harfe verklang, da summten sie nur mehr gemeinsam
diesen einzigen Ton, das tiefe C voller Gleichmut.
Denn das wahre Ziel der kontemplierenden Geister
ist ja die Ruhe in sich, der Schutz vor den Stürmen des Meeres.
Näher, mein Gott, zu dir! Die Ruhe vor Lebens Gefahren,
Schutz vor Donner und Blitz, vor Feindlichkeit der *Fortuna*,
ganz in sich selbst versenkt, gewannen die Brüder im Stillen
nur mit dem tiefen Ton, der alle Gedanken verscheuchte.

Da hob der Meister an, zu seinen Gesellen zu sprechen:
„Wir sind Jerushalaijm, die wahren Herren des Tempels!
Templer in alter Zeit bewachten die fahrenden Pilger
in der heiligen Stadt vor all den schlimmen Gefahren
bis in ihren Tod, dann schloss die Stadt ihre Tore.

Papst und Kaiser missfiel die Macht der ehrbaren Templer,
die bald ein schrecklicher Tod in christlichen Landen ereilte.
Wir sind die Erben wohl der Ritter des heiligen Ordens,
welche ein feindlicher Papst mit ihrem Tode bestrafte
für die Taten, die sie in Liebe den Christen erwiesen."
- „*Allahu akbar*" entfuhr dem Muslim in heimlicher Runde,
„welch ein böses Geschick ward unsern Rittern verheißen!"
Ernst blickte tief in den Kelch. Er wusste um all die Gefahren,
denen ein heimlicher Kreis in unseren Landen begegnet,
sicherlich war es das Gold, das Anlass gab für die Verleumdung.
Ritter des Tempels von einst besaßen ja mächtige Burgen,
Edelsteine und Gold, sie waren von allen geachtet,
bis dann König und Papst das Ende gemeinsam beschlossen.

„Wir sind Jerushalaijm!" so sprach der erhabene Meister,
„wie die Templer vor uns bemühen wir uns um den Wohlstand
in einem freien Land, zu einen die Menschen als Brüder.
Friede soll sein in der Welt, kein Mensch soll den anderen töten
wegen der Religion, der Hautfarbe oder der Meinung.
Einer, der oben thront, der herrscht über alles auf Erden,
Baumeister aller Welten genannt, er schenke uns Frieden."
Alle hoben den Kelch und kosteten süßliche Weine
frisch aus Griechenland, ein Fest für den sinnlichen Gaumen.
Da stand der Sangmeister auf, die Finger zupften die Saiten
seiner Harfe ganz schnell, er spielte die lieblichsten Töne,
Melodien in der Nacht, die alle Sinne erfreuten.
Bald war der Wein geleert, kein Tropfen verblieb in den Kelchen,
Abschied nahmen nun Ernst und seine liebenden Brüder.

Flackernd verlosch das Licht, der Meister begab sich nach draußen,
um nach getanem Werk von dieser Versammlung zu scheiden.
Ernst nahm Stock und Hut und machte sich auf in die Kälte
in einer Vollmondnacht, um eilends heimwärts zu reisen.

Vor dem Tor ein Gespann, ein Kutscher mit zwei schnellen Rappen,
schnell stieg Ernst hinauf, da flog schon die schnalzende Peitsche
hoch durch die Luft, schon trabten die schwarzen, kräftigen Rösser.
Oben am Himmel der Mond, daneben gar tausende Sterne
funkelten wie im Traum, da dachte Ernst an den Meister,
an seine Brüder im Bund, die er so aufrichtig liebte.
Ach, wie schön war das Fest, das weit in den Morgen gedauert,
bald schon würde das Rot die nachtdunkle Welt überziehen,
noch aber war er im Bann des Zaubers vergangener Stunden.
Ja, des Salomons Lied, mit dem er die Königin freite,
die er wohl mehr geliebt als tausend andere Frauen.
Wie ein Zauber erschien das Lied der Lieder in Versen,
Ernst entschloss sich, sehr bald an die Übersetzung zu gehen.
Denn er kannte Ivrit, die Sprache der alten Hebräer,
einigermaßen gut, so wollte er für seine Brüder
dieses erhabene Werk in edler Gesinnung eröffnen
nicht im Ivrit alter Zeit, o nein, in deutschem Gewande.
Dies war der große Plan, die Liebe des weisesten Königs.

AENEIS

Die Heldentaten will Vergil besingen:
Aeneas, mit dem Vater und Penaten,
verlässt das Königreich zu großen Taten,
mit starker Hand das Schicksal zu bezwingen.

Er rettet sich aus fallendem Gemäuer
in Troia, das in Rauch und Flammen steht.
Den Vater, der zu all den Göttern fleht,
auf seinen Schultern auf dem Weg durchs Feuer.

Auf Schiffen segeln sie mit guten Winden
nach Thrakien, das die Gier nach Gold verdirbt,
dann geht es weiter zu Karthagos Küsten.

Sie suchen Latium, um Rom zu gründen,
der Held ergreift das Steuer, Dido stirbt,
doch muss Aeneas sich zum Kampfe rüsten.

I.

Die Heldentaten will Vergil besingen
des Manns mit Waffen, der auf Meeren irrt
und dessen Schwert in vielen Kämpfen klirrt,
sein Loblied soll zu keiner Zeit verklingen.

Als letztlich brennend alle Mauern fallen,
entkommt Aeneas mit dem kleinen Sohn
und mit dem Vater, als zu Priams Hohn
in all dem Elend Heereslieder schallen.

In Troia herrscht voll Hass des Krieges Recht
und wüten dessen Feinde schauerlich,
obwohl die Weisen vorher gut beraten.

Des Königs Priam ehrbares Geschlecht
versinkt im Grabe, doch es rettet sich
Aeneas, mit dem Vater und Penaten.

II.

Aeneas, mit dem Vater und Penaten,
entkommt den Trümmern, die von allen Seiten
ihm Hindernisse auf dem Weg bereiten,
weil alle Götter seinen Tod verbaten.

Denn Helena, des Menelaos Frau,
ist ganz allein der Grund für diesen Krieg,
in Wahrheit gibt es hierorts keinen Sieg,
kein Hektor stellt die Kräfte stolz zur Schau.

Die Helden liegen tot vor wilden Tieren
und Vögeln, die nur die Kadaver fressen,
die sich in Scharen diesem Unglück nahten.

Doch selbst die Sieger sind es, die verlieren!
Aeneas, der den Vater nicht vergessen,
verlässt das Königreich zu großen Taten.

III.

Verlässt das Königreich zu großen Taten
ein froher Krieger? Nein, sein Herz ist bitter,
nicht nur die starken Männer, auch die Mütter
vom fremden Holzpferd gnadenlos verraten.

Und dennoch lässt er seinen Mut nicht sinken:
Er geht an Bord mit kräftigen Gefährten
mit wildem Blick und langen, dichten Bärten,
die sich nicht fürchten, auch wenn sie versinken.

Das Segel wird gehisst, die Fahrt beginnt:
Das Schiff liegt gut im warmen Sommerwind
und will gar tief in alle Meere dringen.

Ein jeder, der sein Leben froh gewinnt,
fasst einen guten Vorsatz auch geschwind:
Mit starker Hand das Schicksal zu bezwingen.

IV.

Mit starker Hand das Schicksal zu bezwingen,
ein junges Rom für Iuppiter zu gründen

und sich mit dessen Völkern zu verbünden,
dies Werk soll wahrhaft voller Glanz gelingen.

Die Götter, die den Lauf der Welt beschließen,
verkünden dem Aeneas seine Sendung,
so nimmt der Lauf der Zeit doch eine Wendung
zum Heil, es wird die Männer nicht verdrießen.

Der Vater ruft die Himmlischen stets an
und lenkt den Kurs des Schiffs an fremde Strände;
der Sohn betrachtet dies als Abenteuer.

Wie doch im Kriege schnell die Zeit verrann!
Anchises dankt dem Gott und hebt die Hände:
„Er rettet sich aus fallendem Gemäuer."

V.

Er rettet sich aus fallendem Gemäuer
in Troia und beschwört den Göttervater,
Aeneas, auf den Schultern seinen *pater*
Anchises, dem der Rat des Himmels teuer.

Umklammernd die Penaten auf der Flucht,
getragen von Aeneas, seinem Sohn,
verspricht der Vater ihm den größten Lohn
für seine Rettung in der engen Bucht.

Da finden sie die Schiffe schon bereitet,
und frische Winde wehen übers Meer,
als auch Aeneas' Sohn mit ihnen geht.

Die Ehefrau, die ihm so viel bedeutet,
verliert Aeneas, sein Gemüt ist schwer,
in Troia, das in Rauch und Flammen steht.

VI.

In Troia, das in Rauch und Flammen steht,
versteckt sich Helena bei dem Altare,
zerrauft und schmutzig ihre langen Haare,
und ihre Lippen murmeln kein Gebet.

Das Königreich, das einstmals Troia hieß,
verlor den König und die Königswürde
im Krieg durch diese frevelhafte Bürde,
dass Helena sich gerne freien ließ.

Die böse List jedoch ist fürchterlich:
Ein Holzpferd, das als Göttergabe gilt
und das die Männer Troias schon erspäht.

„Der Danaer Geschenke fürchte ich!"
Nicht einer der Gefährten, der ihn schilt,
den Vater, der zu all den Göttern fleht.

VII.

Den Vater, der zu all den Göttern fleht
um guten Wind und Schutz vor den Gefahren,
erhört Neptun in dessen Greisenjahren,
der Sturm hört auf, das Unwetter vergeht.

Wohin wird sie das Schicksal endlich jagen,
und werden sie die neue Heimat finden?
Der Gottheit Wille lässt sich nicht ergründen.
Der Vater wird wohl das Orakel fragen.

Wenn nur Neptun nicht zürnt und diese Leute
ins Unglück reißt, dass sie im Meer ertrinken.
Das tiefe Blau verbirgt auch Ungeheuer!

Anchises aber spricht voll Stolz noch heute:
„Ich saß – denn wisst, Aeneas sah mich winken –
auf seinen Schultern auf dem Weg durchs Feuer."

VIII.

Auf seinen Schultern auf dem Weg durchs Feuer
entkam Anchises, der die Höchsten preist
und seinen Sohn Aeneas glücklich heißt.
„Ganz gegen Süden halten wir das Steuer!"

Was sollen die Gefährten noch erleben,
wenn ihnen dies die Himmlischen verrieten?
Kyklopen, Polyphem, was kann er bieten,
der Meeresgott, lässt er das Wasser beben?

Harpyien, die mit ihren Exkrementen
die Seeleute bewerfen und beschmutzen,
soll auch Aeneas diese Damen finden?

Wenn doch die Götter nicht die Freunde trennten!
Sie wollen nur die Gunst der Stunde nutzen:
Auf Schiffen segeln sie mit guten Winden.

IX.

Auf Schiffen segeln sie mit guten Winden,
ja, scheinbar ist *fortuna* wohlgesonnen,
die unbekannte Reise ist begonnen,
um eine neue Heimat zu begründen.

Dann landen sie an einem fernen Strand
und reißen Bäume aus, aus Wurzeln fließt
das schwarze Blut, das sich am Ort ergießt:
Das Grab des Polydor im fernen Land!

Von Priam ausgeschickt, mit Gold in Mengen
zum König Thrakiens, der ihn lehren soll,
wo er durch List und Speere grausam stirbt.

Aeneas will die Himmlischen nicht drängen,
er bringt den Opferbecher ehrfurchtsvoll
nach Thrakien, das die Gier nach Gold verdirbt.

X.

Nach Thrakien, das die Gier nach Gold verdirbt,
sind die Troianer endlich angereist.
Aeneas, der der Götter Namen preist,
ist nach der Irrfahrt keineswegs zermürbt.

Er schichtet Steine, häuft die Erde auf
und schenkt dem Polydor ein neues Grab;
dann nimmt er aus Zypressen einen Stab
und gräbt ihn ein, bald wächst ein Baum darauf.

Die Gier nach Gold verdirbt der Menschen Herz,
so wie es auch dem Polydor geschehen,
sie stehlen es mit Mord, Gewalt und Listen.

Aeneas blickt noch einmal himmelwärts,
Unwetter oder Sturm sind nicht zu sehen,
dann geht es weiter zu Karthagos Küsten.

XI.

Dann geht es weiter zu Karthagos Küsten.
Das Schiff treibt übers Meer der starke Wind,

Aeneas, die Penaten und das Kind -
ach, wenn sie nur ihr Schicksal vorher wüssten!

Die Königin empfängt sie würdevoll
und bittet die Gelandeten zum Mahle;
sie reicht den Wein und auch die Traubenschale
und hört still zu, ganz ernst und ohne Groll.

Dabei verzaubert sie der Gott der Liebe,
ihr Herz entflammt für diesen schönen Helden
und sie versucht, ihn fest an sich zu binden.

Sie gehen auf die Jagd, versteckt wie Diebe,
doch die Troianer trennen von ihr Welten:
Sie suchen Latium, um Rom zu gründen.

XII.

Sie suchen Latium, um Rom zu gründen.
Und schon erscheint Merkur und fordert Treue:
Aeneas macht sich auf die Fahrt, aufs Neue
die Klippen und den Sturm zu überwinden.

Wie glücklich Dido war mit ihrem Krieger!
Da lässt er sie aufs Schändlichste allein,
sie möchte so gern immer bei ihm sein.
Doch diesmal geht Aeneas nicht als Sieger.

Die Königin erbaut den Scheiterhaufen
und klettert in Verzweiflung in die Flammen.
Kein König, der ihr Herz nochmals erwirbt.

Er sieht den Rauch, das Schiff muss weiterlaufen,
und wertet ihn als Omen, als Verdammen.
Der Held ergreift das Steuer, Dido stirbt.

XIII.

Der Held ergreift das Steuer, Dido stirbt
in höchster Seelenpein und spricht den Fluch.
Die Liebe war nicht mehr als ein Versuch
für diesen Krieger, der einst selbst verdirbt.

Sie ruft: „Kein Grab soll ihm beschieden sein!"
Dies hören am Olymp die hehren Götter,
erbarmen sich der Tobenden als Retter
und lassen sie im Tode nicht allein.

Aeneas sieht sein Ziel so klar vor Augen:
„Dort drüben ist der Strand, wir legen an.
Hier werden wir ein gutes Leben fristen!"

Was wohl die Streitgenossen jetzo taugen?
Zwar fühlen sie des Ortes Zauberbann,
doch muss Aeneas sich zum Kampfe rüsten.

XIV.

Doch muss Aeneas sich zum Kampfe rüsten
in Latium, wo Feindschaft ihm beschieden,
wo er Lavinia im warmen Süden
voll Charme umwirbt, um Turnus zu entrüsten.

Denn Turnus ist ein großer Stammesführer
und grollt vor Liebesschmerz und Eifersucht.
Aeneas, der von Dido ja verflucht,
gewinnt den Kampf und tötet den Verlierer.

Er wird wohl nicht genesen seiner Wunden
vom Schlachtfeld, denn dies Glück ist ihm verwehrt,
mag er auch mit dem harten Schicksal ringen.

So wird er endlich liegen vor den Hunden
nach Didos Wunsch, den Iuno ihr gewährt.
Die Heldentaten will Vergil besingen.

APOLOGIA DES SOKRATES
Plato

1. Was ihr aber, Männer von Athen, empfunden habt unter meinen Anklägern, weiß ich nicht; ich aber habe fast mich selbst vergessen unter ihnen; so glaubwürdig haben sie gesprochen. In dem aber, was sie gesagt haben, findet sich wahrlich keine Wahrheit. Am meisten von den vielen Lügen, die sie aufgestellt haben, bewunderte ich eine, nämlich indem sie gesagt haben, dass ihr euch in Acht nehmen müsst, dass ihr nicht von mir betrogen werdet, weil ich so geschickt rede. Dass sie sich nicht schämen, dass sie sofort von mir durch die Tatsache widerlegt werden, nachdem ich mich nämlich nicht im mindesten als ein geschickter Sprecher zeige, und dies scheint mir am schamlosesten zu sein, wenn sie nicht den einen geschickten Redner nennen, der die Wahrheit spricht. Wenn sie nämlich dies sagen, würde ich zustimmen, nicht im Verhältnis zu ihnen ein Redner zu sein. Diese fanden daher nämlich, wie ich behaupte, entweder wenig oder gar keine Wahrheit. Ihr hört von mir die ganze Wahrheit. Nicht jedoch, bei Zeus, o Männer von Athen, Worte mit ausgeschmückten Phrasen wie die ihren, mit Sprüchen und Ausdrücken, nichts Ausgeschmücktes, sondern ihr werdet das Gesagte hören mit den Worten, die mir zufällig in den Sinn

kommen. Ich vertraue nämlich, dass das, was ich sage, gerecht ist, und es soll niemand von euch etwas anderes erwarten.

3. Nehmen wir von Beginn weg wieder auf, was für eine Anklage erhoben wurde, aus der die Verschwörung gegen mich entstand, im Vertrauen auf die Meletus gegen mich diese Klage einbrachte. Nun gut. Was brachten die Verleumder also als Verleumdung vor? Wie wenn sie daher von Anklägern stammte, muss ich deren Klageschrift lesen. „Sokrates tut Unrecht und beschäftigt sich ständig mit Überflüssigem, untersucht die Dinge unter der Erde und am Himmel und macht das schwächere Argument zum stärkeren, und genau das lehrt er. Irgendwie so lautet sie.

4. Aber nämlich weder von diesen Dingen ist irgendetwas wahr, noch wenn ihr von jemandem gehört habt, dass ich es unternehme, Menschen zu belehren und Geld verdiene damit, ist irgendetwas wahr daran. Obwohl mir dies auch schön zu sein scheint, wenn jemand so die Menschen belehrt wie Gorgias von Leontini und Prodicus von Ceos und Hippias von Elis. Jeder von diesen, ihr Männer, ist nämlich imstande, dass, wenn er in jede beliebige Stadt geht, er die jungen Männer, denen es möglich ist, mit den eigenen Bürgern umsonst zusammen zu sein, überzeugt, deren Umgang zu verlassen und mit ihm zusammen zu sein, Geld dafür zu geben und dankbar zu sein.

5. Daher könnte einer von euch so antworten: „Aber, o Sokrates, was ist deine Angelegenheit eigentlich? Woraus sind die

Verleumdungen gegen dich entstanden? Gewiss nämlich nicht, wenn du nichts Ungewöhnlicheres gemacht hast als die anderen, entstanden hierauf dieser Bericht und diese Rede, wenn du nichts anderes gemacht hast als die meisten. Sag uns also, was es ist, dass wir nicht unüberlegt urteilen über dich." Dieser scheint mir, das Gesagte recht zu sprechen, und ich will versuchen, euch zu zeigen, was mir diesen Ruf brachte und zu dieser Verleumdung führte. Hört also zu. Und genauso wird es manchen von euch vorkommen, dass ich Spaß mache, ihr wisst aber wohl, dass ich euch die ganze Wahrheit sage. Ich habe nämlich, o Männer von Athen, wegen nichts anderem als einer gewissen Weisheit diese Nachrede bekommen. Was ist das für eine Weisheit? Jene, die so ist wie die menschliche Weisheit. In dieser bin ich vielleicht wirklich weise. Und diese sind vielleicht, von denen ich gerade gesprochen habe, weise in irgendeiner Weisheit, die über den Menschen hinausgeht, oder ich weiß nicht, was ich sagen soll. Ich kann diese nämlich nicht verstehen, aber wer immer das sagt, lügt und spricht für eine Verleumdung gegen mich. Und lärmt mir nicht, Männer von Athen, auch nicht, wenn ich scheinbar stolz spreche. Ich spreche nicht mein eigenes Wort, das ich etwa sage, sondern für die Gewichtigen unter euch berichte ich mein Wort. Für meine Weisheit, wenn es freilich Weisheit ist und wie sie beschaffen ist, als Zeugen nenne ich euch den Gott von Delphi. Ihr kennt sicherlich Chaerephon. Dieser war mein Gefährte von

Jugend auf und Gefährte eurer Partei und war dabei im jüngsten Exil und kam mit euch zurück. Und ihr wisst freilich, wie Chaerephon war, wie stürmisch bei allem, was er anging. Und freilich war er einmal nach Delphi gekommen und wagte es, dies vom Orakel zu erfragen; und, was immer ich sage, lärmt nicht, Männer von Athen. Er fragte nämlich gar, ob jemand weiser sei als ich. Es antwortete das pythische Orakel, dass niemand weiser ist. Und in diesen Dingen wird der Bruder euch hier die Wahrheit bezeugen, nachdem jener gestorben ist.

6. Betrachtet also, um wessentwillen ich dies sage. Ich möchte euch nämlich lehren, woher meine Verleumdung entstanden ist. Als ich dies nämlich gehört hatte, dachte ich mir folgendes: „Was will der Gott eigentlich, und was für ein Rätsel stellt er da? Ich weiß nämlich für mich, dass ich weder sehr noch ein bisschen weise bin. Was also sagt er da, zu erklären, dass ich der weiseste sei? Gewiss lügt er nämlich nicht. Das ist nicht seine Sitte." Und lange Zeit nämlich wusste ich nicht, was er irgend sagt. Hierauf begann ich mit großer Mühe, ihn etwa auf folgende Art zu untersuchen. Ich ging zu jemandem von denen, die weise zu sein scheinen, damit ich hier, wenn irgendwo, das Orakel überführen könne und dem Orakel zeigen: „Dieser ist weiser als ich, du aber sagtest, ich wäre es." Als ich diesen untersuchte - ich brauche keinen Namen zu nennen, er war einer der Politiker, bei dem ich etwas in dieser Art bemerkt hatte, o Männer von Athen – und

mich mit ihm unterhielt, schien dieser Mann nämlich vielen anderen Menschen weise zu erscheinen und am meisten sich selbst, es aber nicht zu sein. Und hierauf versuchte ich, ihm zu zeigen, dass er nämlich meinte, weise zu sein, es aber nicht ist. Hierauf war ich diesem verhasst und vielen der Anwesenden; als ich wegging, dachte ich bei mir, dass ich weiser bin als dieser Mensch. Nämlich keiner von uns beiden weiß in Wahrheit irgendetwas Gutes und Edles, aber dieser nämlich meint, etwas zu wissen, ohne es zu wissen, ich aber, weil ich nichts weiß, glaube auch nicht zu wissen. Es scheint daher, dass ich in dieser kleinen Angelegenheit weiser bin als er, dass ich nicht glaube zu wissen, was ich nicht weiß. Von dort ging ich zu einem anderen von jenen, die mir schienen, weiser zu sein, und dachte mir dasselbe. Und hier wurde ich diesem und vielen anderen verhasst.

7. Danach ging ich bereits der Reihe nach zum nächsten, nämlich gehasst und leidend und fürchtend, dass ich gemieden werde, trotzdem schien mir notwendig, die Angelegenheit des Gottes über alles zu schätzen. Daher musste ich zu allen gehen, die etwas wissen, um zu betrachten, was das Orakel sagt. Und beim Hund, Männer von Athen. Ich muss nämlich vor euch die Wahrheit sagen. Das war es nämlich, was ich erlebte. Die nämlich den besten Ruf hatten, schienen mir beinahe den größten Mangel zu haben, als ich um des Gottes willen forschte, andere aber mit schlechterem Ruf anständigere Männer zu sein, die

Verstand haben. Ich muss euch mein Umherirren berichten, wie irgendwelche schwere Arbeiten verrichtend, damit mir das Orakel unwiderlegbar würde. Nach den Politikern nämlich ging ich zu den Poeten, sowohl zu den Tragödienschreibern als auch zu den Dithyrambendichtern und zu den anderen, dass ich dort durch unwiderlegbare Tatsachen selbst zurückstehe, indem ich ungelehrter bin als jene. Daher griff ich deren Gedichte auf, die mir von ihnen außerordentlich ausgefeilt schienen, und befragte sie, was diese meinten, damit ich gleichzeitig etwas von ihnen lernen könnte. Ich schäme mich, euch die Wahrheit zu sagen, ihr Männer. Trotzdem muss sie gesagt werden. Um es kurz zu sagen, fast schon alle Anwesenden würden besser sprechen über das, was sie selbst erdichtet hatten. Ich erkannte daher über die Dichter in Kürze dieses, dass sie nicht aus Weisheit dichteten, was sie dichteten, sondern durch die Natur und Inspiration, wie die Seher und Orakelsinger. Auch diese nämlich sagen vieles und Schönes, wissen aber nichts, was sie sagen. Solcherart schien mir, was auch die Dichter empfanden. Und gleichzeitig bemerkte ich bei ihnen, dass sie vermeinen, auch in anderen Dingen die weisesten der Menschen zu sein, was sie nicht waren. Daher ging ich von dort weg und meinte, im selben überlegen zu sein wie auch bei den Politikern.

8. Am Schluss ging ich daher zu den Handwerkern. Mir selbst war ich bewusst, dass ich nichts wusste, um es in Kürze zu sagen,

dass diese aber wussten, dass sie vieles und Schönes konnten. Und darin täuschte ich mich nicht, sondern sie konnten, was ich nicht konnte, und waren darin weiser als ich. Aber, ihr Männer von Athen, sie schienen mir denselben Fehler zu haben wie auch die Poeten, wie auch die edlen Künstler. Weil sie die Kunst schön schufen, schätzte sich jeder auch im Übrigen als Weisester von allen, und dieser Irrtum von ihnen verbarg deren Weisheit. Sodass ich mich selbst fragte um des Orakels willen, ob ich bleiben wollte wie ich bin, weder weise zu sein in deren Weisheit noch ungelehrt in deren Ungelehrtheit, oder beides, was jene waren, zu sein. Ich antwortete daher mir selbst und dem Orakel, dass es mir wohltat, zu sein wie ich bin.

13. „Sag uns dann, bei Zeus, Meletus, ob es besser ist, mit wertvollen als mit schlechten Bürgern zu wohnen? Mein Lieber, antworte! Ich frage dich nämlich nichts Schwieriges. Machen die Schlechten nicht irgendetwas Schlechtes denen, die immer in der Nähe von ihnen sind, die Guten hingegen etwas Gutes." – „Ganz und gar." – „Gibt es jemanden, der es lieber hat, dass ihm die Mitbürger schaden statt nützen? Antworte, mein Guter! Auch das Gesetz verlangt eine Antwort. Gibt es jemanden, der wünscht, dass man ihm schadet?" – „Gewiss nicht!" – „Komm also, du bringst mich hierher, weil ich die Jungen verderbe und willentlich oder unabsichtlich schlechter mache?" – „Ich meine doch, willentlich." – „Was also, Meletus? Um so vieles bist du weiser

als ich in deinem Alter, dass du nämlich erkannt hast, dass die Schlechten immer etwas Schlechtes denen tun, denen sie am nächsten sind, die Guten Gutes. Ich aber bin dermaßen ungelehrt, dass ich auch das nicht weiß, dass, wenn ich jemanden von den Mitbürgern schlechtmache, ich Gefahr laufe, dass er mir Schlechtes tut, sodass ich etwas so Schlechtes absichtlich mache, wie du sagst. Das glaube ich dir nicht, Meletus, mir scheint auch nicht sonst einer von den Menschen. Aber entweder verderbe ich sie nicht, oder wenn ich sie verderbe, dann unwillentlich, sodass du in beiden Fällen lügst. Wenn ich sie unwillentlich verderbe, schreibt das Gesetz für solche und die hier gehörten Fehler nicht vor, mich hierher zu zitieren, sondern mich im Privaten zu nehmen, zu belehren und zu ermahnen. Es ist nämlich klar, wenn ich lerne, werde ich aufhören mit dem, was ich unwillentlich tue. Du aber wolltest nicht mit mir zusammen sein und mich belehren, du zitierst mich hierher, was das Gesetz vorschreibt für die, die einer Bestrafung bedürfen, nicht einer Belehrung."

15. „Betrachten wir gemeinsam, ihr Männer, wie es mir scheint, das zu sagen. Du antworte uns, Meletus. Ihr aber, wie ich euch am Anfang gebeten habe, erinnert euch, nicht zu lärmen, wenn ich auf meine gewohnte Weise die Rede führe. Gibt es jemanden unter den Menschen, Meletus, der glaubt, dass es menschliche Angelegenheiten gibt, aber nicht, dass es Menschen gibt? Er soll antworten, ihr Männer, und nicht so und anders lärmen. Gibt es

jemanden, der nämlich nicht glaubt, dass es Pferde gibt, aber Angelegenheiten, die Pferde betreffen? Oder glaubt, dass es keine Flötenspieler gibt, aber Angelegenheiten des Flötenspiels. Gibt es nicht, edelste der Männer. Wenn du nicht antworten willst, sage ich es dir und all den anderen hier. Aber bei dem antworte wenigstens: Gibt es jemanden, der zwar glaubt, dass es spirituelle Angelegenheiten gibt, aber keine guten Geister?" – „Gibt es nicht." – „Dass du diese Meinung teilst, dass du widerwillig antwortest, von diesen Herren gezwungen. Folglich sagst du nämlich, dass ich an die guten Geister sowohl glaube als auch diese lehre, seien es neue oder alte. Aber folglich glaube ich an gute Geister, gemäß deinem Wort, und das schwörst du in der Gegenschrift. Wenn ich an das Spirituelle glaube, muss ich gewiss an gute Geister glauben. Verhält es sich nicht so? Freilich. Ich stelle nämlich fest, dass du zustimmst, nachdem du nicht antwortest. Die guten Geister halten wir etwa nicht für Götter oder Kinder von Göttern. Ja oder nein?" – „Ganz und gar." – „Folglich, wenn ich an gute Geister glaube, wie du sagst, wenn die guten Geister nämlich irgendwelche Götter sind, dann machst du, was ich sage, zu einem Rätsel und machst einen Spaß, wenn du sagst, dass ich nicht an Götter glaube, aber wiederum an Götter glaube, weil ich an die guten Geister glaube. Wenn wiederum die guten Geister Kinder der Götter sind, unehelich manche oder von Nymphen oder irgendwelchen anderen, wie freilich gesagt wird, wer von den Menschen würde glauben, dass es Kinder von Göttern gibt, Götter aber nicht. Gleich widersprüchlich wäre es, wenn jemand glaubte, dass es Kinder von Pferden und Eseln gibt, die Maultiere, aber nicht glaubte, dass es Pferde und Eseln gibt. Aber Meletus, ist es nicht so, dass du versuchst, mich mit dieser Klage auf die Probe zu stellen, oder mich beschuldigt hast, ohne Mittel zu haben, mich wirklich des Unrechts zu bezichtigen. Wie auch immer, damit du jemanden überzeugen könntest, der auch nur ein bisschen Verstand unter den Menschen hat, dass deine Anklage ist, sowohl an das Spirituelle als auch an das Göttliche zu glauben, und wiederum deine Anklage ist, weder an gute Geister noch an Götter noch an Heroen zu glauben, fehlt hier jedes Mittel."

24. Weitab vom Ruf, ihr Männer, scheint es mir weder gerecht, einen Richter zu benötigen, noch, wenn er angebettet wird, freigesprochen zu werden, sondern zu lehren und zu überzeugen. Es liegt nämlich nicht beim Richter, in gerechten Dingen nachgiebig zu sein, sondern darüber zu urteilen. Und der hat geschworen, nicht nachgiebig zu sein, wenn ihm danach ist, sondern gemäß den Gesetzen zu richten. Daher ist es nötig, dass ihr euch weder daran gewöhnt, Meineide zu schwören, noch dass ihr in diese Gewohnheit verfallt. Keiner von uns würde nämlich fromm handeln. Verlangt daher nicht von mir, Männer von Athen, dass ich mich solcherart vor euch verhalten soll, was ich

weder für gut noch für gerecht noch für heilig halte, zumal mich bei Zeus fürwahr Meletus hier wegen Gottlosigkeit vor Gericht gebracht hat. Es ist nämlich offenkundig, wenn ich euch überrede und euch durch Bitten, dass ich leben kann, eidbrüchig mache, würde ich euch lehren, nicht an die Götter zu glauben, und würde mich in meiner Verteidigung geradezu selbst anklagen, nicht an die Götter zu glauben. Aber das liegt mir fern. Ich glaube nämlich daran, Männer von Athen, wie niemand von meinen Anklägern, und ich übergebe euch und dem Gott die Entscheidung über meine Angelegenheit, wie er will, wie es am besten ist für mich und für euch.

25. Ich bin nicht empört, Männer von Athen, über das, was passiert ist, dass ihr mich verurteilt habt, sondern für mich trifft vieles zusammen, und ich bin über dieses Geschehen nicht ohne Hoffnung, sondern vielmehr staune ich über die Zahl jeder der Stimmen. Ich erwartete nämlich nicht ein so knappes Ergebnis, sondern eine deutliche Mehrheit. Nun aber, wie es scheint, wenn dreißig Einheiten der Stimmen auf die andere Seite gefallen wären, wäre ich freigesprochen worden. Daher, wie mir scheint, bin ich von der Sache des Meletus also schon jetzt freigesprochen worden, und ich bin nicht nur freigesprochen worden, sondern es ist jedem klar, dass, wenn nicht Anytus und Lycon dazugetreten wären, mich anzuklagen, er tausend Drachmen schuldete, weil er nicht ein Fünftel der Stimmen sammeln konnte.

30. Nach allem möchte ich euch etwas vorhersagen, die ihr mich verurteilt habt. Und ich bin nämlich schon an der Stelle, an der die Menschen am meisten vorhersagen, wenn sie sterben müssen. Ich sage nämlich, Männer, die ihr mich tötet, ihr werdet eine Strafe bekommen, sofort nach meinem Tod, die um vieles schlimmer ist, bei Zeus, als mit welcher ihr mich tötet. Jetzt nämlich habt ihr das gemacht in der Meinung, ihr werdet ausgenommen davon, eine Rechenschaft über das Leben abzugeben, doch auf euch kommt viel Gegensätzliches zu, wie ich sage. Es werden mehr sein, die euch überführen, die ich jetzt zurückhielt, ihr aber bemerktet es nicht. Und beschwerlicher wird es sein, umso jünger sie sind, und ihr werdet euch mehr ärgern. Wenn ihr meint, dass ihr Menschen, die sterben, zurückhalten könnt, euch zu fluchen, weil ihr nicht anständig lebt, dann denkt ihr nicht richtig. Dieses Entwischen ist weder überhaupt möglich noch gut, sondern jenes am Schönsten und Einfachsten, nicht andere zu behindern, sondern sich selbst so vorzubereiten, dass man am Edelsten ist. Indem ich euch daher, die mich verurteilt haben, dies voraussage, entferne ich mich.

32. Wollen wir auch so überlegen, dass viel Hoffnung besteht, dass dies gut ist. Eines von zweien ist das Sterben. Entweder nämlich so, dass nichts ist noch der Gestorbene irgendeine Empfindung von irgendetwas hat, oder, wie gesagt wird, eine gewisse Verwandlung greift Platz und eine Wanderung der Seele von dem

Ort des Hier zu einem anderen Ort. Und sei es, dass keine Empfindung mehr ist, sondern so wie der Schlaf, wenn jemand schläft und weder Traum noch sonst etwas sieht, wäre der Tod ein wunderbarer Gewinn. Mich aber dünkt, wenn jemand diese Nacht herausgreifen sollte, in der er so geschlafen hat, dass er nicht einmal ein Traumbild sah, und die anderen Nächte und Tage seines Lebens dieser Nacht entgegenstellen sollte, um nach Überlegung zu sagen, wie viele bessere und glücklichere Tage und Nächte als diese Nacht er in seinem Leben verbracht hat, so meine ich, nicht etwa nur ein Privatmann, sondern sogar der König von Persien würde diese im Vergleich mit den anderen Tagen und Nächten gering an Zahl finden. Wenn daher dies der Tod ist, so sage ich, er ist ein Gewinn. Und nämlich nicht mehr als die ganze Zeit scheint freilich diese eine Nacht zu sein. Wenn aber der Tod ist wie der Aufbruch zu einer Reise von hier zu einem anderen Ort und das Gesagte wahr ist, dass etwa dort alle Gestorbenen sich befinden, was gäbe es größeres an Gutem, ihr Richter? Wenn nämlich einer, der aufgebrochen ist in den Hades, der diejenigen, die Richter sein wollen, zurückgelassen hat, die wahren Richter findet, von denen es heißt, sie richten dort, Minos und Rhadamanthus und Aecus und Triptolemus und die anderen, so viele der Halbgötter, die in ihrem Leben gerecht wurden, wäre etwa die Abreise schlecht? Oder wiederum zusammenzutreffen mit Orpheus und Musaeus und Hesiod und Homer, wieviel würde einer von euch dafür geben? Ich aber würde viele Male sterben wollen, wenn das die Wahrheit ist. Nachdem mir nämlich der Umgang dort zauberhaft erscheint, wann immer ich Palamedes oder Ajax, den Sohn des Telamon oder andere Männer von den Alten treffen würde, die wegen eines ungerechten Urteils gestorben sind, und vergleichen würde mein eigenes Leiden mit dem ihren, wie mir scheint, wäre das nicht unangenehm. Und gewiss wäre das Größte, die dortigen zu prüfen und zu befragen, wie die Menschen hier, wer von ihnen weise ist und wer das zwar glaubt, es aber nicht ist. Wieviel würde einer von euch, ihr Richter, geben, um den zu befragen, der das zahlreiche Heer gegen Troia führte oder Odysseus oder Sisyphus und tausend andere, die ich nennen könnte, sowohl Männer als auch Frauen? Mit den dortigen sich zu unterhalten und zusammen zu sein und sie zu prüfen wäre ein unbeschreibliches Glück. Gewiss nämlich töten die dortigen dafür niemanden. Auch in anderen Dingen sind die dortigen glücklicher als die hier, und schon sind sie für alle verbleibende Zeit unsterblich, wenigstens wenn wahr ist, was gesagt wird.

33. Aber auch für euch ist es nötig, Herren Richter, guter Hoffnung für den Tod zu sein und eines zu erkennen als wahr, dass es für einen guten Mann nichts Schlechtes, weder für den Lebenden noch für den Sterbenden, gibt, noch dass seine Angelegenheit von den Göttern vernachlässigt wird. Und nicht ist meine Sache jetzt

durch Zufall so geworden, sondern mir ist klar, dass es besser war für mich, schon zu sterben und von diesen Angelegenheiten befreit zu werden. Deswegen hat das Zeichen sich nirgends von mir abgewendet, und ich zürne meinen Verurteilern und den Anklägern überhaupt nicht. Fürwahr war es nicht in dieser Erkenntnis, dass sie mich verurteilt und angeklagt haben, sondern im Glauben zu schaden. Dafür verdienen sie, getadelt zu werden. Soviel wenigstens verlange ich von ihnen: Bestraft meine Söhne, wenn sie reif werden, ihr Männer, genauso zu leiden, wie ich euch leiden ließ, wenn euch scheint, dass sie sich um Geld oder anderes mehr kümmern als um Tugend, und wenn sie vermeinen, jemand zu sein und gar nichts sind, schmäht sie, wie ich euch, damit sie nicht das Notwendige vernachlässigen und meinen, etwas zu sein, aber nichts wert sind. Und wenn ihr das macht, wird uns Gerechtes widerfahren sein durch euch, mir selbst und meinen Söhnen. Aber schon ist die Stunde wegzugehen, für mich nämlich als Sterbender, für euch als Lebende. Welcher immer von uns zur besseren Sache schreitet, ist niemandem bekannt, außer dem Gott.

C. M. Herzog, Mag. phil., geboren 1966 in St. Pölten, Niederösterreich, Übersetzer, Studium an der Universität Wien; Studien der alten Sprachen Latein, Altgriechisch, Ivrit; Prosa und Lyrik.